Couvertures supérieure et inférieure
manquantes.

L'ÉVÊCHÉ DE DIJON

ET

SES ÉVÊQUES

NOTICE
ACCOMPAGNÉE DE DEUX PLANCHES PORTANT LES BLASONS
DE TOUS LES ÉVÊQUES DE DIJON.

PAR M. L'ABBÉ SAUTEREAU

Prêtre retiré à SOMBERNON

CITEAUX

(Côte-d'Or)

IMPRIMERIE ET LIBRAIRIE

—

1885

En lisant quelques détails donnés par le journal le
Bien Public de Dijon, sur plusieurs évêques de cette ville,
à l'occasion de la mort de Mgr François-Victor Rivet, je
conçus la pensée de réunir des notes un peu plus com-
plètes sur l'Évêché, et sur les évêques de Dijon. Je ne
connaissais pas nos évêques, j'ai voulu arriver à les
connaître.

L'histoire ne s'invente pas, on ne peut l'écrire qu'en
puisant aux sources. Pour atteindre mon but, je m'effor-
çai de trouver des mandements de nos plus anciens
évêques, des lettres de vicaires capitulaires, le siège
vacant. Je consultai les *Ordonnances Synodales du diocèse
de Dijon*, les mandements qui servent de préface à
plusieurs livres liturgiques édités par les évêques de
Dijon; j'interrogeai l'*Histoire de la Bourgogne*, par
Courtépée, l'*Histoire du diocèse de Langres*, par l'abbé
Roussel, les journaux, le *Bulletin Archéologique du
diocèse de Dijon*, plusieurs registres de l'État civil, et en
dernier lieu l'*Armorial des Évêques de Dijon* par M. Henri
Baudot (1). J'ai divisé le résultat de mes recherches en
trois paragraphes :

Le premier traitera de l'origine de l'Évêché de Dijon,
des variations de sa juridiction, et de sa mense avant la
Révolution.

Le deuxième traitera des évêques de Dijon et de leurs
armes.

(1) J'avais réuni à grand'peine les blasons de la plupart de nos évêques,
quand cet ouvrage me fut présenté, à ma grande surprise.

Le troisième des moyens d'action des évêques de Dijon, dans leur ville épiscopale, avant la révolution et dans la deuxième partie du xix° siècle.

Je n'ai pas la prétention de donner ici une histoire en règle de l'Évêché et des évêques de Dijon. Ce sujet aurait été au-dessus de mes forces. Mais en donnant ces quelques notes à lire, je pourrai suggérer à quelqu'un de plus actif et de plus compétent que moi, l'idée de faire un travail que je n'aurais pas osé entreprendre.

Quel que soit le jugement que l'on porte sur mon opuscule, ce petit travail ne sera jamais au fond qu'un acte de piété filiale envers nos évêques qu'il cherche à faire connaître, et dont il conserve le souvenir.

Dijon faisait partie du diocèse de Langres et appartenait aux évèques de cette dernière ville dès le vᵉ siècle. La plupart des évèques de Langres fixèrent dans ces temps reculés leur résidence habituelle à Dijon; plusieurs d'entre eux élevés par l'Église au rang des saints, saint Urbain au vᵉ siècle, saint Grégoire et saint Tétrique, au vɪᵉ siècle, furent enterrés à Dijon. Mais, depuis que Lambert, évèque de Langres, eut cédé au roi Robert, en 1016, la seigneurie et le comté de Dijon, les évèques de Langres se retirèrent définitivement à Langres.

Au xvɪᵉ siècle, Dijon songea à devenir le siège d'un évêché. Les élus de la province firent en 1592, et en 1597 des démarches auprès du Pape, pour obtenir l'érection d'un évêché à Dijon; mais leurs démarches restèrent infructueuses. Les Dijonnais reprirent leur idée en 1725. Louis XV approuva leur projet sur la recommandation de Louis-Henry de Bourbon, gouverneur de la province, et traita directement l'affaire en cour de Rome. A là suite des négociations, Clément XII érigea Dijon en évêché, et l'église Saint-Étienne, en cathédrale, en 1731.

L'Évêché de Dijon fut formé d'une partie du diocèse de Langres, et d'un certain nombre de paroisses du diocèse de Besançon.

Au moment de sa formation, le diocèse de Dijon comprenait sept doyennés et cent soixante-quatorze paroisses.

Cent cinquante-cinq de ces paroisses provenaient de l'ancien diocèse de Langres, les 19 autres avaient été tirées du diocèse de Besançon (1).

Les sept doyennés formèrent deux archidiaconés. Les doyennés du nouveau diocèse de Dijon étaient les doyennés de Dijon, de Sombernon, de Saint-Seine, de Minot, d'Is-sur-Tille, de Bèze, de Mirebeau. Les doyennés de Sombernon, Minot, Is-sur-Tille et Mirebeau étaient des démembrements des anciens doyennés de Saint-Seine, de Grancey, de Bèze, du diocèse de Langres.

En 1790, le diocèse de Dijon fut beaucoup agrandi; il comprit le département de la Côte-d'Or (2). Ce diocèse établi par le pouvoir civil, sous le consentement du Pape, et d'après les principes de la constitution civile du clergé, prit le nom de Diocèse de la Côte-d'Or, ou d'Évêché de la Côte-d'Or. Volfius fut évêque de la Côte-d'Or.

En 1802, par accord des autorités civiles et religieuses, le diocèse de Dijon fut formé du département de la Côte-d'Or, et du département de la Haute-Marne. En cette même année 1802, le département de la Côte-d'Or fut canoniquement divisé en 36 cantons religieux correspondant aux 36 cantons civils.

Quatre chefs-lieux de canton furent érigés en archiprêtrés : Dijon, canton ouest, Beaune, canton nord, Semur et Châtillon. La circonscription de ces archiprêtrés correspondit à celle des arrondissements civils.

L'archiprêtré de Dijon comprit les doyennés de Saint-Bénigne, de Notre-Dame, de Saint-Michel, d'Auxonne, de Fontaine-Française, de Genlis, de Gevrey, de Grancey,

(1) L'abbé Roussel, *Histoire du diocèse de Langres.*

(2) Le département de la Côte-d'Or fut formé de communes appartenant aux anciens diocèses de Langres, Besançon, Chalon-sur-Saône, Autun.

d'Is-sur-Tille, de Mirebeau, de Pontailler, de Saint-Seine, de Selongey, de Sombernon.

L'archiprêtré de Beaune (1) comprit les doyennés de Beaune, canton nord, Arnay-le-Duc, Bligny-sur-Ouche, Liernais, Meursault, Nolay, Nuits, Pouilly-en-Montagne, Saint-Jean-de-Losne, Seurre.

L'archiprêtré de Semur (2) comprit les doyennés de Semur, de Flavigny, de Montbard, de Précy-sous-Thil, de Saulieu, de Vitteaux.

L'archiprêtré de Châtillon comprit les doyennés de Châtillon, d'Aignay-le-Duc, de Baigneux, de Laignes, de Montigny-sur-Aube, de Recey-sur-Ource.

Le département de la Haute-Marne fut divisé, à la même époque, en archiprêtrés et doyennés.

Les évêques de Dijon furent évêques de Dijon et de Langres de 1802 à 1822.

En 1822, le département de la Haute-Marne fut séparé de la Côte-d'Or, pour l'administration religieuse. Langres fut de nouveau érigé en évêché, et le diocèse de Dijon n'embrassa dès lors que le département de la Côte-d'Or. Depuis cette époque, la juridiction de l'évêché de Dijon n'a pas changé.

La mense de l'évêché de Dijon fut primitivement composée des abbayes de Saint-Etienne de Dijon et de Saint-Pierre de Bèze. Ces deux abbayes furent l'apanage de l'évêché de Dijon dès 1731, mais elles ne furent supprimées et unies à l'évêché de Dijon qu'en 1735. L'abbaye de Bèze continua même de subsister sous l'autorité du prieur claustral après cette époque. Les moines seigneurs et

(1) Avant la révolution, Beaune appartenait au diocèse d'Autun.

(2) Avant la révolution, Semur appartenait au diocèse d'Autun.

barons de Bèze payaient 12,000 livres à l'évêque de Dijon. En 1790, il n'y avait plus à Bèze que six religieux de chœur (1). La mense de l'évêché de Dijon s'accrut de l'abbaye de Saint-Bénigne de Dijon, en 1775.

Mgr de Vogüé, en sa qualité d'abbé commendataire de Fontenay jouissait, en plus, d'un revenu de 8,000 livres. Les revenus de l'évêché de Dijon étaient considérables avant la Révolution, comme on le voit; mais ces revenus provenaient des biens donnés aux abbayes, ou des fondations faites dans ces établissements. Le trésor public n'entrait pour rien, dans les ressources de nos évêques.

§ II. DES ÉVÈQUES DE DIJON ET DE LEURS ARMES.

1° *Jean Bouhier.*

Jean Bouhier était originaire de Dijon; il naquit en 1665, de Jean Bouhier, conseiller au Parlement, et de N. Bernardon.

Les honneurs s'attachèrent à sa personne, avant qu'il fût évêque de Dijon. Il fut conseiller clerc au Parlement du 11 décembre 1692 à 1703, doyen de la Sainte-Chapelle de Dijon, abbé de Saint-Germain d'Auxerre (2), grand prieur du Chapitre noble de Gigny.

Il fut sacré le 15 septembre 1731 à 66 ans. C'était, dit en parlant de lui M. Colas, chanoine de la Sainte-Chapelle, et vicaire général de Mgr d'Apchon, un homme d'un vrai mérite, d'un caractère vif et entreprenant, très capable de conduire un grand projet à sa fin, et réunissant talents et vertus, franchise et loyauté (3).

(1) L'abbé Roussel, *Histoire du diocèse de Langres.*
(2) Abbaye de Bénédictins qui valait 8000 livres.
(3) Bulletin Arch. de Dijon, 1re année.

Voici, sur le même prélat, une appréciation d'un autre genre, qui montre l'estime dont il jouissait dans sa ville natale.

Lors de son installation, dit l'Annuaire de la Côte-d'Or, tous les corps, et même les corporations s'empressèrent d'aller lui présenter leurs hommages, et lui adresser leurs félicitations. Le chef de la Corporation des vignerons, prenant la parole, lui dit en patois bourguignon : « Monseigneur, les enfants cri tô po lô rue, jan ô ai tête fendue (allusion à la mitre épiscopale) ça bô fai, ça po lu, ai lé bé mérital.

Le naïf et spirituel compliment courut les rues et les salons; mais on en chercha l'auteur ailleurs que dans la Corporation des vignerons.

Le diocèse doit à Jean Bouhier l'érection définitive de son évêché arrêtée en principe depuis 1725. Il en fut le premier titulaire et l'organisateur.

Comprenant toute l'importance de la discipline, il s'empressa de préparer des réglements pour son diocèse nouvellement érigé. Il s'inspira dans leur rédaction des statuts du diocèse de Langres, dont celui de Dijon était en grande partie formé; mais il fit les changements et les adjonctions qu'exigèrent les temps et les circonstances. Ces réglements furent arrêtés dans le synode du 3 mai 1743, sous le titre *d'Ordonnances Synodales du diocèse de Dijon* (1).

Jean Bouhier gouverna le diocèse de Dijon, pendant douze ans; il donna sa démission six mois environ après avoir arrêté ses Ordonnances Synodales. Il fut nommé évêque de Saint-Claude, mais avec charge seulement d'organiser l'évêché de ce nom. Dans le mandement

______

(1) Ce recueil est rare aujourd'hui; j'en possède un exemplaire.

donné pour la publication des Ordonnances Synodales du diocèse de Dijon, Claude Bouhier, son successeur, lui attribue l'honneur d'avoir formé l'Université de Dijon. Il fut, en effet, le premier chancelier de l'Université de droit de cette ville. Il est nommé à cette dignité par l'article 2 des lettres patentes qui concernent cette Université, et qui furent données à Versailles le 20 septembre 1723. Dans le même mandement, Claude Bouhier dit que la Providence avait destiné son prédécesseur à former presque en même temps deux nouveaux évêchés, dans les deux Bourgognes.

Jean Bouhier mourut le 15 octobre 1744. Il fut, d'après Courtépée, enterré dans l'église cathédrale Saint-Étienne de Dijon. Voici l'acte de sa sépulture : « Le 15 octobre 1744, mourut, muni des sacrements, âgé d'environ 79 ans, Mgr l'Illustrissime et Révérendissime Jean Bouhier, premier évêque de Dijon; et le dix-neuf du même mois fut inhumé dans le caveau de sa famille, en présence du Chapitre de la cathédrale, et de Messieurs ses héritiers, et parents, soussignés, » suivent les signatures.

Jean Bouhier portait d'azur au bœuf passant d'or.

(Voir tableau des blasons, nº I.)

2° *Claude Bouhier.*

Claude Bouhier naquit à Dijon, le 8 avril 1683, de Bénigne Bouhier, conseiller du roi en ses conseils, président du Parlement de Bourgogne, seigneur de Savigny-les-Beaune, etc. etc., et de Louise Latoison. Il exerça dans sa ville natale différentes fonctions du ministère ecclésiastique. Dans un mandement du 8 septembre 1744, il appelle les Dijonnais ses concitoyens. « Nous

nous félicitons, dit-il, d'avoir été élevé au milieu d'eux et d'y avoir été, dans la suite, employé successivement dans les différentes fonctions du ministère ecclésiastique. »
Il était parent de Jean Bouhier, et c'est sur les instances de ce prélat, qu'il fut nommé son successeur à l'évêché de Dijon. Claude Bouhier fut sacré le 21 janvier 1744, à 61 ans.

Il était à cette époque prévôt de l'église cathédrale de Dijon, abbé commendataire de Fontaine-Daniel (1) et prieur de Notre-Dame de Pontailler.

Claude Bouhier publia le 8 septembre 1744, les Ordonnances Synodales du diocèse de Dijon, arrêtées l'année précédente, sous son prédécesseur.

Les évêques de Dijon ne furent pas moins soucieux de la liturgie que de la discipline. Les livres qui renferment les prières en usage dans le service divin et l'administration des sacrements, les missels, bréviaires processionnaux, rituels, fixèrent leur attention et furent l'objet de leur zèle.

Les Ordonnances Synodales publiées par Mgr Claude Bouhier prescrivent l'usage du missel et du bréviaire romain ; elles laissent le clergé libre de suivre le rituel romain ou le rituel de Langres, pour l'administration des sacrements. Dans le mandement qui accompagne la publication des Ordonnances Synodales, Mgr Claude Bouhier annonce l'intention de donner un rituel pour mettre l'unité dans l'administration de sacrements, et d'ajouter au bréviaire romain le Propre des Saints du diocèse de Dijon. Le Propre des Saints fut en effet préparé pendant son épiscopat, mais plusieurs circonstances empêchèrent qu'il fut mis dans les mains du clergé.

(1) Abbaye de Cisterciens, au Mans, qui valait 8000 livres.

Les cérémonies en relevant la majesté du culte con-
tribuent puissamment à l'édification des fidèles, aussi les
conciles les appellent-ils les images de la foi, l'aliment de
piété. Nos évêques eurent soin de les recommander comme
le complément de la liturgie. Les Ordonnances Synodales
veulent que les cérémonies soient observées dans les offices,
conformément aux rubriques du missel et du bréviaire
romain. Nous recommandons à tous les prêtres séculiers
et réguliers et à tous les ecclésiastiques de notre diocèse
d'y donner une extrême attention, d'y éviter toute sin-
gularité et toute précipitation ou négligence, et de s'en
acquitter toujours avec une gravité et une modestie
capables d'augmenter le respect des assistants pour les
choses saintes, et leur vénération pour les ministres du
Seigneur.

Ordonn. Synod. Chap. XXI, n. 1, 2.

Claude Bouhier mourut le 19 juin 1755, après douze ans
d'épiscopat, à l'âge de soixante-douze ans; il fut enterré
dans l'église Saint-Étienne.

D'après les notes manuscrites laissées par M. Colas,
vicaire général de Mgr d'Apchon, Claude Bouhier était un
homme pieux, ayant les vertus des premiers siècles, et cul-
tivant les sciences ecclésiastiques. Il emporta les regrets
qui sont dus à l'homme de bien; mais il fut au point de
vue des connaissances et des lumières au dessous de son
prédécesseur.

Ce prélat portait comme Jean Bouhier d'azur au bœuf
passant d'or.

(Voir tableau des blasons n° 2.)

3° *Claude-Marc-Antoine d'Apchon.*

Claude-Marc-Antoine d'Apchon naquit à Montbrison, Loire, en 1722. Nommé évêque de Dijon en 1755, à 33 ans, il fut sacré le 19 octobre de la même année. La nomination royale ne fut que la confirmation du vœu du précédent évêque, et du désir de la population dijonnaise. Avant son élévation à l'épiscopat, Mgr d'Apchon était doyen du Chapitre collégial de la Chapelle-aux-Riches de Dijon, vicaire général du diocèse, abbé commendataire de Preuilly (1), prieur de la Chaux.

Voici comment le peint Mgr de Mérinville, un de ses successeurs dans une lettre pastorale adressée au clergé et aux fidèles du diocèse de Dijon, avant sa prise de possession Mgr d'Apchon fut « un prélat dont le nom « sera immortel, puisqu'il est gravé, non, sur le marbre et sur l'airain, mais dans le cœur des pauvres dont « il a été constamment le père. Homme rare par la candeur de son âme! homme unique par le prodige de sa « charité, elle était le besoin de son cœur, il l'a portée souvent jusqu'à l'héroïsme. Ses vertus vous présageaient un « long bonheur, elles furent la cause de vos regrets. »

Mgr d'Apchon donna des preuves de sa charité à Dijon, dans une espèce d'émeute populaire occasionnée par la cherté des vivres. Il se présenta au milieu de la foule excitée, tumultueuse, et demandant du pain. Il adressa quelques mots, et prenant par le bras deux des plus mutins, il les conduisit à l'Évéché, où un approvision-

(1) Probablement Preuilly, en Touraine, abbaye de Bénédictins valant 2,500 livres. Il y avait à Preuilly, diocèse de Sens, une abbaye de Cisterciens valant 15,000 livres.

nement de pain préparé par ses ordres fut distribué à la multitude qui rentra dans le calme, et acclama le prélat, en le bénissant.

Mgr d'Apchon montra son dévouement à Auch en se précipitant, enveloppé d'un drap mouillé, dans une maison enflammée, pour sauver un enfant qu'il eut le bonheur de rendre sain et sauf à sa mère. Le prélat avait offert cent louis à celui qui ferait le sauvetage, personne n'accepta l'offre. Sauveur lui-même de l'enfant, il plaça les cent louis sur la tête de son protégé.

Monsieur Henry Baudot, nous apprend dans son *Armorial des Évêques de Dijon*, une particularité intéressante de la vie de Mgr. d'Apchon, c'est que ce prélat de sainte et douce mémoire à Dijon avait été capitaine de dragons, avant d'entrer dans l'état ecclésiastique.

On lit dans le *Dictionnaire ecclésiastique et canonique portatif*, édité en 1765, à Paris, sous l'épiscopat de Mgr d'Apchon, que le diocèse de Dijon comprenait alors 211 paroisses, et que le revenu de l'évêché était de 18,000 livres. Le Chapitre de la cathédrale avait six dignités; le Doyen, le Grand-Archidiacre, le Grand-Chantre, le Prévot, le Trésorier et un Archidiacre. Le Chapitre nommait le Doyen, l'évêque confirmait son élection. Les autres dignités et les canonicats étaient à la nomination de l'évêque.

Mgr d'Apchon introduisit la liturgie parisienne dans le diocèse de Dijon. Entraîné sans doute par l'exemple de beaucoup d'autres évêques, il abandonna la liturgie romaine. Il compléta le Propre des Saints préparé par Mgr Claude Bouhier; il l'adjoignit, ainsi que le calendrier du diocèse, au bréviaire de Paris, et donna ainsi au clergé dijonnais le bréviaire que nous avons tous récité, jusqu'au jour où le romain reprit ses droits.

Le mandement qui accompagne la première édition de ce bréviaire est daté du 1er janvier 1761; il ordonne au clergé tout entier du diocèse, de prendre, à l'exclusion de tout autre pour les offices publics et particuliers, le bréviaire dijonnais, dans le délai d'un an au plus tard.

Le *Missel* et le *processionnal dijonnais* parurent l'année suivante 1762. Rien ne fut changé au passé pour le rituel.

Notre catéchisme diocésain, qui a rang parmi les meilleurs catéchismes, fut imprimé pour la première fois par Mgr d'Apchon. Le petit catéchisme des Fêtes fut adjoint à ce catéchisme sous Mgr Victor Rivet; il fut, dit-on, rédigé par M. l'abbé Tamisey, vicaire à Saint-Michel.

Mgr d'Apchon fut transféré de l'Évêché de Dijon à l'Archevêché d'Auch, au mois de mai 1776. Il mourut à Paris le 11 mai 1783, à 61 ans et fut enterré dans le cimetière d'Auch. Ses restes, relevés en 1804, furent déposés sous un marbre noir, dans la chapelle des âmes du Purgatoire de l'église Sainte-Marie d'Auch (1).

On voit dans une salle de l'Archevêché d'Auch, un assez grand tableau représentant Mgr d'Apchon descendant une échelle appliquée au mur d'une maison en flammes et tenant dans ses bras un petit enfant, sous les yeux d'une foule d'hommes qui applaudissent.

Mgr d'Apchon portait d'or, semé de fleurs de lys d'azur.

(Voir tableau des blasons n° 3.)

4° *Jacques-Joseph-François de Vogüé.*

Jacques-Joseph-François de Vogüé naquit à Aubenas, Ardèche, le 13 avril 1740. Il fut agent général du clergé de France à l'assemblée de 1770. Il était abbé commen-

(1) Ce dernier détail et le suivant sont empruntés au *Bulletin Archéo-lojique*, 1re année. Note signée Gurreau.

dataire de Fontenay (1) quand il fut nommé évêque de Dijon, en 1776, à 36 ans.

Au jugement de son successeur, Mgr de Vogüé était un homme égal dans son humeur, simple dans ses manières, droit de cœur.

Il avait, suivant M. Colas les qualités sociales, et il était aimé des gens du monde. Il aimait et cultivait les arts et la musique avec passion ; ses ressources s'épuisaient à satisfaire ses goûts. Il eut aussi le tort de donner les places de son diocèse à des étrangers intrigants. Les bons chrétiens, les prêtres surtout ne pouvaient supporter qu'on leur préférât des musiciens et des étrangers. Le mécontentement contenu d'abord éclata en plaintes hautement formulées. Mgr de Vogüé reconnut ses torts ; il en conçut un chagrin qui ruina sa santé. Il se disposait à résider régulièrement dans son diocèse, à s'occuper de l'administration et des œuvres de bienfaisance, quand la mort le sépara de ce monde, à Aubenas, dans sa famille, au mois de janvier 1787. Il n'était âgé que de 47 ans.

La mort laissa ce prélat insolvable ; ce qui ne serait probablement pas arrivé, s'il eût vécu âge d'homme. Cette circonstance toutefois, et celles que nous avons relatées plus haut, firent qu'on le regretta peu.

Dans la crainte d'exciter les clameurs des créanciers, le Chapitre de la cathédrale délibéra qu'on ne ferait pas son Oraison funèbre.

Mgr de Vogüé portait d'azur au coq barbé, becqué, et membré de gueules (2).

(Voir tableau des blasons n° 4.)

(1) Aujourd'hui, Canton de Montbard.

(2) Cette notice est en grande partie tirée du *Bulletin Archéol. de Dijon*, 1re année.

5° *Réné des Moutiers de Mérinville.*

Réné des Moutiers de Mérinville, né à Limoges, en 1742 fut nommé évêque de Dijon, en 1787, à 45 ans, sur la présentation de la reine Marie- Antoinette, dont il était le plus ancien aumônier. Il fut sacré le 15 mai 1787.

Monsieur Colas, son vicaire général, dit dans ses notes manuscrites que ce prélat avait une physionomie animée, un maintien aisé, une conversation facile, du tact et de l'à-propos dans la réponse aux allocutions qui lui étaient adressées. Il ajoute que la lettre de Mgr de Mérinville au clergé et aux fidèles du diocèse de Dijon, avant sa prise de possession, était digne des premiers siècles de l'Église par la simplicité du style, par la pureté des vues et l'onction du sentiment. L'auteur de l'article consacré à Mgr de Mérinville dans le *Bulletin Archéologique de Dijon*, 1re année, observe que Mgr de Mérinville montra un véritable talent d'administrateur. Sa franchise, sa bonté, continue-t-il, lui gagnèrent l'affection du clergé et des fidèles. Aussi, moins de deux ans après son arrivée à Dijon, il fut délégué par le clergé du bailliage aux États Généraux de 1789. Il fut un des 30 courageux évêques qui signèrent le 30 octobre 1790, l'Exposition des principes, sur la Constitution Civile du Clergé. Il s'exila à Carlsruhe, dans l'hiver de 1790-1791. Pendant son séjour dans cette ville, il adressa plusieurs lettres à ses diocésains. C'est dans cette même ville qu'il signa le 2 décembre 1801, la démission de son évêché de Dijon, sur la demande de Pie VII.

Chargé en 1802 d'organiser le diocèse de Lyon pour le Cardinal Fesch, oncle du 1er Consul, il s'arrangea de manière à revoir, en passant, Dijon, son ancienne ville épiscopale ; mais il n'y resta que peu de temps.

Au mois de janvier 1803, il prit possession de l'évêché de Chambéry et de Genève. Dans son mandement d'arrivée, il adresse les plus touchants adieux à son Église de Dijon. Il gouverna son nouveau diocèse, pendant trois ans environ, car il donna sa démission, à la fin de 1805. Napoléon le nomma chanoine-évêque de Saint-Denis, au mois de mars 1806, et le fit, la même année, chevalier de la Légion d'honneur.

Mgr de Mérinville fixa sa résidence à Versailles, sur la fin de sa vie; il y mourut en 1829 dans la 88ᵉ année de son âge.

Ce prélat portait au 1ᵉʳ et 4ᵉ d'azur à deux lions léopardés, au 2ᵉ et 3ᵉ d'argent aux trois fasces de gueules.

(Voir tableau des blasons Nᵒ 5.)

A part quelques détails, cette note sur Mgr Mérinville est tirée du Bulletin Archéologique de Dijon 1ʳᵉ année.

6° *Jean-Baptiste Volfius.*

Jean-Baptiste Volfius naquit à Dijon, le 7 avril 1734; il était fils de Jean-François Volfius, procureur au Parlement, et de Marie Pélissonnier (1).

Volfius fut d'abord Jésuite. Il n'appartint pas longtemps à la Compagnie de Jésus; car elle fut supprimée en 1763. Il fut reçu parmi les membres de l'Académie des Arts et Belles-Lettres de Dijon, le 30 novembre 1784.

Volfius fut professeur de rhétorique au collège de Dijon; c'est là sans doute qu'il fut pris pour être élevé à l'épiscopat. La Constitution Civile du Clergé exigeait qu'un prêtre

---

(1) Marie Pélissonnier appartenait à la famille Pélissonnier de Blaisy-Bas.

BLASONS DES ÉVÊQUES DE DIJON

1. Jean Bouhier

2. Claude Bouhier

3. Cl.-M.-Antoine d'Apchon

4. J.-J.-François de Vogüé

5. René des Moutiers de Mérinville

6. Jean-Baptiste Volfius
N'a point
porté
de Blason

eût exercé le ministère pastoral comme curé ou comme vicaire pendant 15 ans, ou qu'il eût été directeur ou professeur de séminaire pendant le même espace de temps, dans un diocèse, pour qu'il put en devenir l'évêque.

L'auteur de l'*Annuaire* de 1827 dit que Volfius était un orateur éloquent et un littérateur plein de goût. Il fut nommé évêque de la Côte-d'Or en 1791, à 57 ans, et sacré à Paris, le 13 mars de la même année.

D'après la Constitution Civile du Clergé, l'évêque était élu par les électeurs qui nommaient les membres de l'administration départementale. L'élection se faisait dans une église, et l'élu était proclamé par le président de l'assemblée.

Conformément à l'article 19 du titre II de la Constitution Civile du Clergé, Volfius ne demanda pas l'Institution au Pape; il fut donc évêque schismatique.

Une fois installé, il chercha à constituer son Conseil Supérieur, espèce de Chapitre inventé par l'Assemblée nationale. Les vicaires de l'évêque, c'est-à-dire les prêtres qui desservaient la cathédrale sous ses ordres, car il était lui-même le curé de la cathédrale, faisaient de droit partie de ce conseil ainsi que les supérieurs et directeurs du grand séminaire, et les curés dont les paroisses supprimées avaient été unies à la cathédrale. Nous allons retrouver tous ces éléments dans le Conseil Supérieur de l'évêque de la Côte-d'Or, en 1792. Voici le nom de ceux qui le composaient; *Remoissenet*, premier vicaire épiscopal; *Goureau*, vicaire épiscopal; *Auguard, id.; André Brès, id.; Bécoulon, id.; Toussaint, id.; Charles Montéléon*, curé de Saint-Michel, *Simonot*, directeur du séminaire, *Abbey* directeur du séminaire, *Carion*, directeur du séminaire, *Bonnard*, vicaire épiscopal, N. S. *Gelot*, vicaire épiscopal.

Volfius établit aussi des prêtres constitutionnels partout où il put. Sombernon eut deux curés successivement nommés par lui : Jean-Baptiste Soleiliac et Claude Chapuis.

Malgré tous les les efforts de l'évêque et de ses prêtres assermentés, l'Église Constitutionnelle n'était pas florissante. Le respect et l'estime suivaient les prêtres fidèles, et les cœurs leur demeuraient attachés.

Il faut supposer qu'il y eut du trouble apporté dans les offices de Volfius, car il réclama pour eux la protection de la Garde Nationale. Il se servit aussi d'elle pour amener à son église des femmes récalcitrantes.

Le Directoire du département sembla tendre la main au clergé intrus. Comme s'il eût voulu relever ses espérances, il prit le 11 mars 1792 un arrêté qui prescrivait à tous les prêtres non assermentés de venir prendre domicile à Dijon. Plus de 400 prêtres s'y rendirent. Il y avait lieu de croire que cette mesure inique en éloignant les vrais pasteurs de leur paroisse, rapprocherait les fidèles des intrus et qu'elle amènerait à l'évêque constitutionnel, un certain nombre de prêtres découragés par la persécution ; il n'en fut rien. Les prêtres restèrent attachés à leur devoir et les fidèles conservèrent leur affection aux pasteurs persécutés.

Les prêtres fixés à Dijon n'étaient pas au terme de leurs épreuves. Dans la soirée du 18 juin de la même année, dans la nuit du même jour, et le jour suivant, une émeute eut lieu dans la ville. Cent douze prêtres furent arrachés de leurs maisons, insultés, malmenés, emprisonnés par une troupe de révolutionnaires, qui proféraient contre eux des menaces effrayantes. Leur emprisonnement au séminaire des Godrans dura 15 jours.

En présence de ces scènes de désordre, Volfius et son Conseil rédigèrent le 19 juin au matin une pétition qui fut adressée au Directoire du département, répandu dans la ville, et transmise aux prêtres incarcérés.

Cette pétition ne désapprouvait pas en principe la mesure prise contre les prêtres; mais tout en confessant le tort que les prêtres dissidents faisaient à la Constitution et à la liberté, elle regrettait la dureté exercée contre des vieillards et des infirmes, l'emprisonnement des prêtres innocents et de ceux auxquels on ne pouvait reprocher qu'un attachement aveugle à *des opinions erronées.* Les signataires de la pétition demandaient l'élargissement des uns et un traitement moins dur pour tous les autres. Ils s'offraient à recevoir dans leurs maisons ceux qui n'étaient pas dénoncés par l'opinion publique, mais seulement égarés par de *fausses idées de religion;* ils se flattaient d'en ramener plusieurs aux vrais principes. Ils terminaient en se montrant prêts à faire le sacrifice de leurs places ou à les partager avec les prêtres égarés, pour les déterminer à concourir à la défense de la patrie, au maintien de la Constitution et au rétablissement de la paix dans le royaume. Le Directoire renvoya la pétition, en faisant l'éloge des signataires, mais en déclarant qu'on ne pouvait pour le moment faire droit à leur demande; le Club la traita de capucinade, et les prêtres prisonniers la regardèrent comme une embûche tendue à leur faiblesse éprouvée par la persécution.

Volfius fut soupçonné d'avoir fomenté l'émeute, d'avoir même donné de l'argent pour payer les émeutiers, espérant qu'en intervenant en faveur des victimes, au moment favorable, il attirerait à lui un certain nombre de prêtres emprisonnés.

L'église Saint-Étienne ayant été pillée dans l'émeute du 1er Juillet 1792, qui n'était que la suite de celle du 19 juin précédent, Volfius fit provisoirement sa cathédrale de l'église Saint-Jean. Il s'occupa ensuite de faire mettre en ordre l'église de l'abbaye de Saint-Bénigne qui avait aussi été saccagée, et il en fit pour l'avenir sa cathédrale. Il y officia pour la première fois, le jour de la fête de l'Apôtre de notre Bourgogne, en cette même année 1792.

Les événements se précipitaient, la monarchie marchait à grands pas vers sa ruine, la haine contre la Religion grandissait, Volfius ne put exercer une grande influence dans la Côte-d'Or. Le 10 novembre 1793, le culte de la Raison fut proclamé à Paris; quelque temps plus tard, il devait être établi à Dijon. L'église Saint-Bénigne fut encore dévastée une fois, en 1794, pour être affectée à la première célébration de la fête de la déesse Raison. Saint-Michel fut choisi ensuite pour être le temple de la divinité nouvelle.

De ce moment, les évêques constitutionnels furent aussi bien laissés de côté que les évêques fidèles au Souverain-Pontife. Les temps approchaient même où les constitution-nels auraient encore à faire d'autres sacrifices de cons-cience pour conserver la faveur du pouvoir et pour tou-cher leur pension. Volfius eut le malheur de faire ces sacrifices; il les poussa jusqu'à l'apostasie de son sacerdoce.

« Comme c'est bien sincèrement, dit-il, dans sa lettre
« du 14 ventôse an XI, 4 mars 1794, à l'administration
« départementale, que j'ai renoncé à exercer l'état et les
« fonctions d'évêque et de prêtre, et que j'y renonce
« pour toujours, et quelque part que ce soit; je dépose
« entre vos mains mes lettres de prêtrise ci-jointes.

« Salut et Fraternité. »

Signé : J.-B. Volfius.

On tremble malgré soi en lisant ces lignes, qui nous montrent jusqu'où peut aller un homme, quand il s'est mis à côté du chemin.

Après la terreur, Volfius essaya de rassembler les membres épars de son Église constitutionnelle; il n'y réussit qu'en partie. Un certain nombre de prêtres assermentés ayant vu l'abîme où ils étaient tombés, s'étaient empressés de se rétracter. D'autres sans doute, sans être revenus sur leurs pas ne répondirent pas à son appel.

Quand les temps furent devenus paisibles, peu avant le Concordat, Volfius tenta une démarche d'un autre genre ; il voulut réunir les prêtres non assermentés et les prêtres assermentés. Il assembla pour cela un synode, mais il ne put réunir qu'une trentaine de membres.

Enfin le 14 octobre 1801, Volfius donna sa démission d'évêque de Dijon.

Mgr de Mérinville donna sa démission du même évêché au Souverain-Pontife, le 2 décembre de la même année. En annonçant ces événements, Carion s'exprime ainsi dans son journal : « Voilà encore un troupeau sans pasteur, un navire sans gouvernail et sans pilote. Au reste, il n'est pas à craindre que le troupeau s'égare, les bergers sont moins rares ici que les moutons. » A cette époque, en effet, l'Église constitutionnelle de Dijon comptait à peine quelques fidèles.

Le témoignage de Carion n'est pas suspect ; il était lui-même une victime de la Révolution, un prêtre marié. Volfius fit, le 25 mai 1816, une rétractation touchante de ses erreurs. Il mourut à Dijon le 8 février 1822, au n° 6 de la rue du Tillot, à l'âge de 87 ans et dix mois.

D'anciens prêtres racontaient qu'au temps de leurs études ecclésiastiques à Dijon, ils voyaient Volfius assister pieusement aux offices de Saint-Bénigne comme un simple fidèle. Il fut aussi enterré au cimetière de Dijon, comme un fidèle ordinaire.

J.-B. Volfius n'a pas eu de blason; il est facile d'en saisir le motif.

L'existence de l'évêché de Dijon peut se partager en deux époques, l'époque antérieure à la Révolution et l'époque postérieure à la Révolution.

Le diocèse de Dijon à sa création n'était pas très étendu; il était formé d'une fraction du diocèse de Langres et de quelques paroisses du diocèse de Besançon. Mais en raison de son importance et de son éloignement du chef-lieu épiscopal, la fraction du diocèse de Langres qui forma en partie le nouveau diocèse de Dijon avait une administration religieuse locale, sous l'inspection de l'évêque de Langres. Dijon avait des vicaires généraux résidents, des œuvres établies, des séminaires, des écoles, des communautés religieuses nombreuses et prospères. Le premier évêque de Dijon trouva donc son diocèse pourvu d'avance de principaux éléments de vie, et composé en général d'un peuple croyant.

En sortant de la Révolution, le diocèse de Dijon se trouva huit fois plus considérable qu'au moment de sa création. Les œuvres pieuses étaient détruites; il s'agissait d'en recueillir de tous côtés les débris épars, au milieu d'une société ébranlée en partie dans sa foi, et dont les préjugés exigèrent les plus grands ménagements. L'œuvre des évêques de la seconde époque fut donc plus difficile; elle demanda plus de peines, plus de travail, plus de sacrifices; elle fut certainement aussi plus méritoire.

7° Henri Reymond

Henri Reymond, né le 21 novembre 1737, à Vienne, en Dauphiné, fut professeur de philosophie à Vienne, sa patrie, à 23 ans et plus tard curé d'une des paroisses de cette ville. Sacré le 15 janvier 1793, à 56 ans, il fut le 2° évêque constitutionnel de Grenoble.

Après le Concordat, il fut nommé évêque de Dijon. Sa nomination est du 9 avril 1802, et sa prise de possession du 6 juin suivant. Il était dévoué à Napoléon, et il devait être en faveur près de lui. Avant le sacre de l'empereur qui eut lieu le 2 décembre 1804, Mgr Reymond vint se jeter aux genoux de Pie VII et lui protester de sa parfaite obéissance. Les évêques constitutionnels de Besançon, d'Angoulême et de Strasbourg se présentèrent devant le Souverain-Pontife avec Mgr Reymond. Le Pape avait exigé cette démarche des quatre évêques précités, avant de permettre leur assistance à la cérémonie du sacre; il se défiait jusque-là de leurs sentiments.

Henri Reymond fut évêque de Dijon et de Langres; car les deux évêchés furent réunis en 1802. Sa tâche était grande; il s'agissait d'établir la circonscription des cures et des succursales du département de la Côte-d'Or et de la Haute-Marne, de les pourvoir de pasteurs, de relever en un mot le culte dans toute la juridiction du nouvel évêché de Dijon; il s'agissait aussi d'établir, autant que possible, l'union entre les prêtres assermentés et non assermentés, et de détruire les restes du schisme. Mgr Reymond entreprit son œuvre avec zèle. Aussitôt après son arrivée à Dijon, il s'empressa de parcourir les presbytères. Il confirmait à leur poste tous les prêtres qu'il y trouvait établis de bonne foi; il réunissait ensuite au chef-lieu tous les curés du même canton, se faisait reconnaître par tous, comme évêque légitime, et célébrait ensuite devant eux la messe, où avait lieu le baiser de paix.

Dans les premiers mois de 1803, les curés de canton furent convoqués pour prêter devant le Préfet le serment au gouvernement. Mgr Reymond s'appliqua à leur prouver qu'ils pouvaient, sans manquer à leur conscience, prêter ce serment; il les encouragea à être fidèles au gouvernement, à conserver entre eux la paix et l'union et à les faire exister entre les prêtres soumis à leur surveillance.

On trouve dans les discours du prélat, en ces circonstances, quelque chose d'un peu autoritaire, des idées que je ne me charge pas de défendre, mais on reconnaît au fond le langage d'un homme de cœur et d'honneur.

Le Dimanche, onze Floréal an XI, 1er mai 1803, il prescrivit aux curés de canton de s'installer le dimanche suivant à la messe paroissiale de leur église, en présence de tous les curés de leur canton, et d'installer eux-mêmes, dans la semaine, chacun de ces curés. Plusieurs églises furent réunies sous l'autorité d'un même pasteur, mais toutes les paroisses furent de ce moment pourvues d'un curé.

Mgr Reymond se fit rendre compte ensuite par tous les curés de l'état où la Révolution avait laissé les églises, les cimetières et les presbytères, afin de réparer les ruines dans la mesure du possible.

Les ordinations furent préparées, les tournées pastorales pour la visite des paroisses, et l'administration du sacrement de Confirmation furent reprises. Mgr Reymond administra le sacrement de Confirmation, en 1804, à Sombernon, à un nombre considérable de fidèles dont les noms sont conservés dans notre plus vieux registre paroissial.

Une personne qui assistait à cette cérémonie me disait

que Mgr Reymond était un bel homme, mais à l'air un peu militaire.

Le gouvernement avait affecté par un décret, les loge- ments, bâtiments et jardins des Bénédictins, au logement de l'évêque de Dijon, et à l'établissement d'un séminaire pour les départements de la Côte-d'Or et de la Haute-Marne; Mgr Reymond fit exécuter ce décret; il s'installa dans le palais de l'abbé de Saint-Bénigne et il installa les sémi- naristes dans les bâtiments des moines. Mgr Reymond ouvrit aussi à Flavigny un petit séminaire pour l'instruction des futurs jeunes clercs.

J'ai eu occasion de lire plusieurs lettres de ce prélat; elles sont faciles et sans apprêt.

Il mourut à Dijon, le 20 février 1820, à 82 ans et trois mois; il fut enterré dans le cimetière de la ville.

Mgr Reymond était chevalier de la Légion d'honneur. L'acte civil de son décès lui donne le titre de baron.

Il portait d'azur à la croix tréflée d'argent.

En général l'écu des évêques a pour timbre une couronne et en guise de cimier un chapeau d'où pendent les glands. Celui de Mgr Reymond ne porte ni couronne ni chapeau, les glands sont réunis par une espèce de nœud au dessus de l'écu. On lit autour de l'écu les mots : *Episcopus Divionensis,*

(*Voir tableau des blasons n° 7.*)

8° *Jean-Baptiste Dubois.*

Jean-Baptiste Dubois naquit le 6 août 1754, au village d'Argentolle, aujourd'hui arrondissement de Chaumont, Haute-Marne. Il obtint de brillants succès dans ses études à l'école Sainte-Barbe. On le compta plus tard parmi les membres les plus instruits du clergé, et les plus savants docteurs de Sorbonne.

Il fut vicaire général et official de Soissons, avant la Révolution. Depuis le Concordat il fut successivement vicaire général des diocèses d'Arras et de Metz. Il occupait ce dernier poste, quand le roi le nomma évêque de Dijon, par Ordonnance du 4 mars 1820. Préconisé au mois de juin suivant, Mgr Dubois fut sacré à Paris le 9 juillet, et installé à Dijon le 7 août de la même année; il avait 66 ans (1).

Ce prélat ne fit pour ainsi dire que passer sur le siège épiscopal de Dijon; il ne l'occupa que 17 mois.

Il donna en 1821 une deuxième édition du bréviaire dijonnais publié par Mgr d'Apchon. Cette édition suffit pour attendre le retour du bréviaire romain.

Sous Mgr Reymond, certains ecclésiastiques de la Haute-Marne étaient investis de pouvoirs extraordinaires. Mgr Dubois établit à Langres, dès les premiers temps de son administration, un conseil composé de deux grands vicaires et de deux assesseurs chargés, sous son inspection immédiate, de régler les affaires du département de la Haute-Marne, et d'en faciliter l'expédition rapide. Les laïques et les ecclésiastiques pouvaient s'adresser à ce conseil.

Durant son ministère pastoral, Mgr Dubois déploya le plus grand zèle et la plus grande activité, portant spécialement sa sollicitude sur ses séminaires. Il conféra, dit-on, les ordres sacrés à 389 sujets, pendant son court épiscopat.

(1) Annuaire départemental 1827.

Trois sœurs Ursulines, ayant à leur tête la Mère Élisabeth Garnier de Sainte-Thérèse, s'établirent à Montbard sous les auspices du prélat, le 21 octobre 1321. C'est le réveil des Ursulines dans notre diocèse. Elles ouvrirent immédiatement un pensionnat et une école pour les petites filles de la ville. A ce début, les pensionnaires et les externes recevaient l'instruction dans la même classe, et de la bouche des mêmes maîtresses.

On voit déjà sous Mgr Dubois les prêtres de la Côte-d'Or établissant des sœurs de Portieux, dans leurs paroisses, pour l'éducation des petites filles. M. le Préfet de la Côte-d'Or, Séguier, autorisait le 11 novembre 1821, deux sœurs de cette communauté à s'établir à Sombernon, pour l'enseignement des filles.

Mgr Dubois mourut à Paris, le 6 janvier 1822, dans sa 68° année; il fut enterré le 8 du même mois au cimetière du Père-Lachaise. Sa mort fut l'occasion de la séparation de la Haute-Marne et de la Côte-d'Or au point de vue de l'administration religieuse, et du rétablissement de l'évêché de Langres.

Mgr Dubois portait d'argent à la fasce cintrée de gueules, chargée de trois étoiles d'argent.

(Voir tableau des blasons n° 8.)

9° *Jean-François Martin de Boisville.*

Jean-François Martin de Boisville, fils d'Étienne Martin de Boisville et de Marie-Anne Belhomme, naquit à Rouen, le 12 janvier 1755. Il était vicaire général de Rouen quand il fut appelé à l'évêché de Dijon. Son sacre eut lieu à Paris, le 11 août 1822, et il fut installé à Dijon, le 8 septembre de la même année. Il était âgé déjà de 67 ans.

Les vicaires généraux capitulaires nommés après son décès l'apprécient comme il suit : Mgr de Boisville était un homme qui, à de hautes vertus, joignait des talents supérieurs, un jugement solide, un caractère ferme et un bon cœur.

A sa nomination à l'évêché de Dijon, le siège de Langres était séparé de celui de Dijon.

Dès le commencement de son administration, Monseigneur de Boisville chercha à établir l'unité dans l'administration des sacrements. Il publia au mois d'octobre 1822, le rituel autrefois édité par Mgr Simiane de Gordes, évêque de Langres, y ajoutant des instructions pour les prêtres chargés de l'administration des sacrements. Le diocèse de Dijon était formé de paroisses appartenant aux anciens diocèses de Langres, Besançon, Chalon-sur-Saône, Autun. Les rituels des diocèses auxquels appartenaient antérieurement ces paroisses y étaient restés en usage, le rituel romain était suivi encore en plus d'un endroit. Pour faire disparaître à la fois tous ces rituels, Mgr de Boisville, par une ordonnance du 21 octobre 1822, prescrivit l'usage exclusif du rituel qu'il publiait, dans tout son diocèse. Il employa des moyens énergiques pour faire prendre partout le missel dijonnais. Quelques paroisses toutefois conservèrent la liturgie romaine de chœur, et ne la quittèrent jamais.

Monseigneur de Boisville donna une seconde édition du *Missel*, et du *processionnal dijonnais*. Le zèle du prélat s'attacha aussi d'une manière spéciale à l'instruction chrétienne de la jeunesse.

Pour donner plus d'extension à l'instruction secondaire des futurs clercs, il acheta la maison où est établi aujourd'hui, à Plombières, le petit séminaire, et il y transféra le personnel du petit séminaire de Flavigny.

Dans l'intérêt de l'instruction chrétienne des filles de la classe ouvrière, il fit venir des religieuses de Portieux et les installa à Flavigny. Elles avaient pour but de former des institutrices, qui dans leurs moments de lois r, pourraient porter des secours aux malades des campagnes.

Il fonda aussi des monastères pour l'éducation plus soignée des jeunes filles. Ainsi il rappela à Dijon les religieuses de la Visitation, sous la condition qu'elles ouvriraient un pensionnat pour les jeunes personnes. La communauté s'établit en 1825, et éleva depuis cette époque un nombre considérable de jeunes filles, qui honorèrent la religion. Quelques religieuses professes de l'ancienne communauté de la Visitation de Dijon, entrèrent dans la nouvelle communauté, et en devinrent selon l'expression de Mgr Colet, la pierre fondamentale.

Les Ursulines de Montigny - sur - Vingeanne furent établies dans le même dessein. La communauté de Montigny existait depuis 1818, et était affiliée au Tiers - Ordre des Trappistines. Dom Augustin de Lestranges général du grand Ordre des Trappistes, fondateur de ce Tiers - Ordre étant mort sans avoir pu faire approuver son Institut par le Saint-Siège, les maisons du Tiers - Ordre ne pouvaient continuer d'exister.

Mgr de Boisville proposa aux Trappistines de Montigny vouées à l'instruction des filles, d'embrasser l'Institut des Ursulines qui a le même but. La communauté de Montigny accueillit la proposition de Mgr de Boisville. M. Poinsel, supérieur du grand séminaire de Dijon, sur l'ordre du prélat, se rendit à Montigny, et fit passer les sœurs de Montigny de l'institut des Trappistines à l'Institut des Ursulines. Le 11 février 1828, il donna le voile blanc et de nouveaux noms à 36 religieuses, à la tête desquelles figurait l'ancienne prieure Julie Quillot, qui prit le nom d'Ursule de Jésus. Depuis cette époque, la communauté des Ursulines de Montigny instruit les jeunes filles du pays et tient aussi un pensionnat où les études sont excellentes.

Mgr de Boisville fit prêcher à Dijon, en 1824, une mission qui produisit les plus heureux fruits. Une croix fut érigée en dehors de la porte Guillaume, en souvenir de cette mission. Cette croix fut enlevée en 1830, et placée au dessus de la nef latérale gauche de la cathédrale.

Mgr de Boisville mourut à Dijon, le 27 mai 1829, à 74 ans. Il fut enterré dans le chœur de l'église Saint-Bénigne, en arrière du maître-autel. Ses obsèques furent faites avec beaucoup de solennité.

Mgr de Boisville portait d'azur au chevron d'or, accompagné de deux étoiles d'or, en chef, et en pointe, d'un bœuf passant d'argent.

(Voir tableau des blasons n° 9.)

10° *Jacques Raillon.*

Jacques Raillon, vint au monde à Bourgoin (Isère), le 17 juillet 1762. Nommé évêque de Dijon, en 1829, il fut sacré à Paris le 15 novembre de la même année. Avant son sacre Mgr Raillon était chanoine de l'Église métropolitaine de Paris.

Mgr Raillon fut, dit-on, évêque noir d'Orléans; c'est-à-dire que pendant les démêlés qui existèrent entre Napoléon Ier et Pie VII, il fut nommé par l'empereur évêque d'Orléans, et officiellement regardé comme tel, dans le monde civil, quoiqu'il n'eût pas reçu l'institution canonique. Dans ce temps de persécution religieuse, plusieurs ecclésiastiques se trouvèrent dans la même position que Mgr Raillon. Comme ils ne portaient pas la soutane violette, on les appelait évêques noirs.

Mgr Raillon était déjà un vieillard quand il vint à Dijon. Au jugement d'un homme compétent, il était doué d'un esprit très fin. Ancien professeur de rhétorique, il écrivait très bien; il donna des mandements remarquables. Il fut appelé à l'Archevêché d'Aix au mois de mai 1832.

Il n'occupa pas ce siège longtemps; il mourut à Hyères dans le département du Var, le 13 février 1835, à 73 ans, et fut enterré dans l'église de cette ville. Mgr Raillon était chevalier de la Légion d'honneur.

Il portait d'argent à la bande d'azur, chargée de trois merlettes, (1) cantonné d'azur à la croix alaisée d'argent.

(Voir tableau des blasons N° 10.)

11° *Claude Rey.*

Claude Rey naquit à Aix (Provence), le 27 novembre 1773. Il fut nommé évêque de Dijon pour succéder à Mgr Raillon, et fut sacré à Avignon, le 27 septembre 1832, à 59 ans. Avant sa promotion à l'épiscopat, il était chanoine théologal, et vicaire général d'Aix.

Les fonctions importantes que remplissait Mgr Rey dans le diocèse d'Aix, la décoration de la Légion d'honneur dont il fut gratifié, avant d'être évêque, prouvent que ce prélat ne manquait pas de mérite.

Mgr Rey était animé des meilleures intentions, mais il apporta avec lui son caractère méridional. Il eut aussi le malheur d'introduire dans le diocèse trop de prêtres

(1) On appelle merlette un oiseau qui se représente sans bec et sans pieds.

étrangers, et de confier à plusieurs d'entre eux des postes importants, au détriment de certains prêtres diocésains distingués et méritants. La direction des séminaires, en particulier, fut enlevée à des hommes estimés, qui sans doute ne goûtaient pas le nouveau régime. Ces actes froissèrent le clergé diocésain des difficultés vives s'élevèrent entre l'évêché et une grande partie des prêtres. Le diocèse se trouva divisé.

Mgr Rey fonda, en principe, la Communauté du Bon-Pasteur de Dijon. Le 19 Mars 1838, il autorisa trois religieuses de l'hôpital de Dijon, séparées de leur communauté d'un commun accord, sœur Malteste, sœur Theveneau de Morande, et sœur Lanneau, à former une communauté particulière, et à se perpétuer en recevant des Novices.

Le but de ces dames était de remplacer la Communauté du Bon-Pasteur fondée à Dijon par le vénérable Bénigne Joly et détruite par la Révolution. La nouvelle communauté s'établit sans prendre de dénomination; il était réservé au successeur de Mgr Rey de lui donner un nom, d'agrandir et de perfectionner son installation.

Mgr Rey fit rédiger un manuel de Cérémonies conformes aux livres liturgiques du diocèse, pour servir de complément à la liturgie dijonnaise. Ce manuel parut le premier août 1837, avec la recommandation du prélat, sous le titre de *Manuel des Cérémonies de Dijon*.

Mgr Rey prit plusieurs mesures avantageuses au bien du diocèse; mais en somme, son épiscopat fut marqué par les luttes plus que par les œuvres. Voyant son ministère paralysé, Mgr Rey donna sa démission d'évêque de Dijon, au commencement de l'année 1838.

En quittant Dijon, Mgr Rey fut nommé chanoine-évêque de Saint-Denis. Il mourut à Aix, son pays natal, le 17 août

1858, à l'âge de 85 ans. Ce prélat était chevalier de la Légion d'honneur.

Il portait d'argent, à la bande de gueules chargée d'une couronne d'or, avec la devise : *Non hic, sed futuram inquirimus.*

(Voir tableau des blasons N° 11.)

La croix de la Légion d'honneur était suspendue à la pointe de son écu, comme elle l'était à la pointe de l'écu de Mgr Raillon. C'est, je crois, la preuve qu'ils étaient décorés avant d'être évêques.

12° *François-Victor Rivet.*

François-Victor Rivet, né à Saint-Germain-en-Laye, le 1ᵉʳ juin 1796, fut appelé de la cure Notre-Dame de Versailles à l'Évêché de Dijon, le 10 mars 1838, à 42 ans, son sacre eut lieu à Versailles, le 21 octobre suivant, et son installation à Dijon, le 28 du même mois.

Mgr Rivet était distingué dans ses manières, spirituel dans la conversation, plein d'à-propos dans la réponse aux allocutions qui lui étaient adressées. Il annonçait la parole de Dieu avec une simplicité et une dignité qui charmaient la population; il officiait avec une majesté et une piété qui inspiraient la religion. Il avait un sang-froid rare et une facilité d'élocution remarquable. Zélé pour le salut des âmes, il apportait une grande prudence et une grande fermeté dans son administration. Comme prêtre, il fut le modèle de tout son clergé qui admira ses vertus, et l'aima surtout à cause de sa bonté et de sa douceur. Dijon et le diocèse professèrent pour lui la même estime et la même affection que le clergé.

Une longue carrière permet de réaliser de nombreux

projets; avec 46 ans d'administration devant lui, Mgr Rivet ne pouvait manquer d'opérer beaucoup de bien.

En effet, il parcourut sept ou huit fois son diocèse entier, instruisant et exhortant partout. Il écrivit plus de 300 mandements ou lettres pour l'instruction des fidèles ou la direction du clergé.

Au début de son ministère, le 22 avril 1841, Mgr Rivet publia un petit Rituel, sous le titre de Rituel portatif du diocèse de Dijon; *Rituale manuale diœcesis Divionensis.* Le prélat voulait faire disparaître les rituels étrangers qui avaient survécu de côté et d'autre, aux prescriptions de Mgr de Boisville.

Dans l'intérêt de la sanctification des âmes pour la prédication, il favorisa l'établissement des Dominicains à Flavigny et des Pères Jésuites à Dijon; il établit des missionnaires diocésains à Grignon, qu'il transporta plus tard à Fontaines-les-Dijon.

Les maisons d'éducation chrétienne eurent toutes ses sympathies. Il agrandit et embellit le petit séminaire de Plombières, il construisit à Dijon un nouveau grand séminaire, il favorisa le Collège Saint-Ignace fondé par les Jésuites, il soutint cet établissement après la loi de 1880, en y mettant pour professeur des ecclésiastiques diocésains.

De nombreuses communautés religieuses de femmes s'établirent à Dijon, sous son épiscopat; les Petites-Sœurs des Pauvres, les Carmélites, les Sœurs de Marie-Thérèse, les Sœurs du Bon-Secours, les Sœurs de la Charité pour les aliénés, les Religieuses de la Mère-de-Dieu, les Ursulines, les Dames de Sainte-Ursule, les Sœurs de Saint-Joseph de Cluny, les Filles dites du Cœur-de-Marie

Quatre de ces communautés ont ouvert à Dijon des pensionnats pour les jeunes filles. Les Ursulines de Semur, les

Ursulines de Flavigny et de Nuits, les Sœurs du Saint-Cœur-de-Marie à Beaune, Le Sœurs de Saint-Joseph de Gevrey établies sous son pontificat tiennent également des pensionnats de jeunes filles.

Il peut être considéré comme le fondateur des Sœurs de la Providence de Vitteaux. C'est lui qui les sépara de la Maison-Mère de Portieux, et qui leur donna une règle. Il les transféra au mois de Juillet 1846, de Flavigny à Vitteaux, Il dirigea surtout les efforts de cette communauté, qui put fournir de son vivant des institutrices à 200 écoles de filles (1).

Mgr Rivet donna une grande impulsion à la construction des églises et des presbytères; il vit pendant sa longue carrière s'élever 150 églises et de très nombreux presbytères. A Dijon, pendant son épiscopat, la cathédrale fut réparée, Saint-Jean fut restauré et rendu au culte, Notre-Dame reprit sa première splendeur, les églises Saint-Pierre et Sainte-Chantal furent construites.

Dans les premières années de son ministère, il donna saint Bénigne pour patron au diocèse, à la place de saint Étienne, 1er martyr, patron de l'ancienne cathédrale.

Dans le même temps, il fut l'un des promoteurs de l'idée d'ériger une statue à saint Bernard, à Dijon. Cette statue s'élève sur une place qui porte le nom du saint.

Il consacra le diocèse au sacré Cœur de Jésus en 1843, le jour de la Conception de la Sainte Vierge.

C'est lui qui rétablit les Conférences Ecclésiastiques,

(1) Les premières années de son épiscopat furent marquées par l'établissement de l'admirable Colonie Pénitentiaire de Citeaux, fondée au mois de Juin 1846 par le T. R. P. Joseph Rey, Fondateur et premier Supérieur de la Congrégation de Saint-Joseph. L'évêque de Dijon montra toute sa vie une profonde estime pour le Fondateur, et un intérêt tout paternel pour la Colonie.

et la Liturgie Romaine. Pour la facilité du Clergé, il donna en 1876 un supplément au Rituel Romain. La discipline fut l'objet particulier de sa préoccupation. Conformément aux prescriptions du Concile provincial de Lyon tenu en 1850, Mgr Rivet convoqua plusieurs synodes diocésains. Comme il s'occupait depuis longtemps des besoins de son clergé, il profita de ces assemblées pour étudier avec lui divers points de la discipline. Il ne tarda pas à publier de nouveaux règlements diocésains sous le titre de *Statuts du diocèse de Dijon*. La première partie de ces statuts, élaborée dans les synodes de 1852 et de 1853, fut publiée le 29 Janvier 1854 ; la seconde partie, préparée dans le synode de 1855, fut publiée le 14 mai 1856.

Une des grandes joies de sa vie fut la découverte de la crypte de Saint-Bénigne et des restes de son tombeau le 30 novembre 1858. Son bonheur fut partagé par tous les catholiques et tous les archéologues du diocèse. Cette crypte, fut restaurée pendant son épiscopat.

Il rendit au culte la chapelle située sur le lieu où naquit saint Bernard. Il rétablit l'ancien pèlerinage du saint à Fontaine, ainsi que les anciens pèlerinages de sainte Reine d'Alise, de Notre-Dame d'Etang, de Notre-Dame du Chemin, de Notre-Dame de Lée, etc., etc. Il institua en 1880 l'Adoration Perpétuelle du Saint-Sacrement dans tout le diocèse.

Les Œuvres du denier de Saint-Pierre, de la Propagation de la Foi, de Saint-François de Sales, de Notre-Dame de Salut, des Frères de la Doctrine Chrétienne, des Tabernacles, des Campagnes, de l'Adoption, des Vocations, de la Sanctification du Dimanche, des Mères Chrétiennes, des Petits Savoyards, furent protégées, provoquées ou organisées par lui.

BLASONS DES ÉVÊQUES DE DIJON

7. HENRI REYMOND

8. JEAN-BAPTISTE DUBOIS

9. JEAN-FRANÇOIS MARTIN DE BOISVILLE

10. JACQUES RAILLON

11. CLAUDE REY

12. F.-VICTOR RIVET

Il fonda des cercles pour les employés de commerce, pour les ouvriers, et un asile pour les filles qui sont au service.

Le Prélat introduisit à Rome deux procès de béatification : celui de sœur Marguerite du Saint-Sacrement, carmélite à Beaune, proclamée vénérable, et approuvé dans ses premières phases le 19 juin 1878, et celui de Bénigne Joly, chanoine de Saint-Étienne, proclamé le deux octobre 1873.

Au point de vue des œuvres opérées dans notre diocèse pendant sa vie, Mgr Rivet est sans contredit le plus illustre de nos évêques. Il mourut à Dijon, le 12 Juillet 1884, dans la 89' année de son âge. Ses obsèques eurent lieu le 17 du même mois, sous la présidence de Son Éminence le Cardinal Caverot, archevêque de Lyon, assisté de Mgr Forcade, archevêque d'Aix, de Mgr Foulon, archevêque de Besançon et de Nos Seigneurs Perraud, évêque d'Autun, Soubiranne évêque de Belley, Couillé, évêque d'Orléans, Marpot, évêque de Saint-Claude, en présence du vénérable Chapitre de Saint-Bénigne, de plus de 300 prêtres, des députations des communautés religieuses d'hommes et de femmes de la ville, des élèves des séminaires et du lycée, des pensionnats religieux et laïques de Dijon, et d'une députation de la Communauté de la Providence de Vitteaux. L'administration, la municipalité, la magistrature, l'armée, l'université, l'académie, les tribunaux, le conservatoire de musique étaient largement représentés ; la foule était grande et respectueuse.

Il fut inhumé dans la crypte de l'église Saint-Bénigne, où il s'était fait lui-même préparer un caveau, auprès des restes du tombeau de saint Bénigne.

Mgr Rivet était Officier de la Légion d'honneur.

Il portait d'argent, avec un palmier de guéules, et la devise. *Omnia fit Omnibus.*

(*Voir tableau des blasons n° 12*).

L'Oraison funèbre de Mgr François-Victor Rivet fut prononcée à la cathédrale de Dijon, le 6 novembre, par Mgr Perraud, évêque d'Autun, de l'Académie Française.

Le successeur de Mgr Rivet.

Le Gouvernement a nommé pour succéder à Mgr Rivet, sur le siège de Dijon, M. Jean-Pierre-Bernard Castillon, curé de la Métropole de Toulouse. *La Semaine Catholique* de Toulouse fait ainsi la biographie du nouveau prélat : M. Castillon est né à Merville, doyenné de Grenade-sur-Garonne, le 9 juillet 1828. Ordonné prêtre le 2 juin 1855, il fut vicaire à St-Sulpice-sur-Lèze, en 1855, et à St-Nicolas de Toulouse, le 29 septembre 1856. Il fut ensuite successivement desservant de Venerque en 1852, et de St-Sulpice-sur-Lèze en 1863; aumônier du Sacré-Cœur en 1864; aumônier de Mgr l'archevêque de Toulouse et chanoine honoraire en 1867; curé de St-Nicolas de Toulouse en 1868; chanoine-archiprêtre de la Métropole St-Étienne en 1870; évêque de Dijon, par décret présidentiel du 13 Janvier 1885.

Le Pèlerin, La Croix, Le Monde présentent M. Castillon comme un prêtre modeste, unissant la science à la vertu, la fermeté à la charité et au dévouement. *L'Union du Languedoc* en fait le portrait suivant : M. l'abbé Castillon est digne de figurer dans la glorieuse série des prêtres sortis de l'antique Église de Toulouse. Doux, modeste jusqu'à l'effacement, profondément soumis au Saint Siège, passionnément dévoué au bien des âmes, paternel et charitable dans son administration paroissiale, il a été désigné par ses seules vertus au double suffrage de l'État et du Souverain-Pontife....

Nos vœux l'accompagneront sur cette terre si française de la Bourgogne, que ses vertus sacerdotales vont féconder pour l'honneur de l'Église et de la Patrie.

Il a fallu, dit un correspondant du *Franc-Bourguignon*, que l'Ange du diocèse de Dijon fut bien puissant auprès de Dieu, pour qu'il lui obtint M. Castillon pour évêque.

§ III. DES MOYENS D'ACTION AU SERVICE DES ÉVÊQUES DE DIJON, DANS LEUR VILLE ÉPISCOPALE, AVANT LA RÉVOLUTION, ET DANS LA 2ᵉ PARTIE DU XIXᵉ SIÈCLE.

Un diocèse est une société composée de diverses classes d'hommes qui ont des besoins divers. Le devoir de l'évêque est de pourvoir à tous ces besoins. Mais pour y parvenir il lui faut des secours, il lui faut des moyens d'action.

Ces moyens d'action se rapportent à l'éducation des enfants, à l'instruction dogmatique et morale des adultes, à la perfection des bons, à l'instruction des clercs, et aux œuvres de miséricorde temporelles et spirituelles.

Le plus grand bien que l'on puisse procurer aux enfants c'est l'éducation chrétienne, c'est-à-dire l'instruction accompagnée de la connaissance et de la crainte de Dieu. Pour procurer ce bienfait aux enfants, les évêques de Dijon, avant la Révolution, avaient les écoles.

Trois écoles de garçons étaient tenues à Dijon par les Frères des Écoles Chrétiennes.

Les Ursulines élevaient des petites filles. Les religieuses de différents ordres tenaient des pensionnaires, car les Ordonnances Synodales du diocèse, chap. 51, ii, disent d'une manière générale : « Les religieuses élèveront avec beaucoup de soin les pensionnaires qui leur sont confiées. » C'est du reste une tradition dans l'ordre monastique de recevoir des enfants pour les élever et les instruire.

Les instituteurs et les institutrices laïques de l'époque donnaient aussi aux enfants une instruction vraiment chrétienne.

Pour instruire les fidèles de tous les âges par la prédication, l'évêque de Dijon avait le clergé paroissial, les Dominicains, les Capucins, les Lazaristes, les Cordeliers, les Minimes, les Chanoines de l'église cathédrale, et les Chapitres collégiaux de la Sainte-Chapelle, et de la Chapelle-aux-Riches.

La ville aux beaux clochers pouvait aussi être appelée la ville aux nombreux monastères. Dijon avait beaucoup de communautés d'hommes et de femmes pour donner l'exemple de la perfection, et pour recevoir ceux qui s'y sentaient appelés. Ces communautés n'étaient pas très anciennes dans la ville. A part les Dominicains et les Cordeliers établis à Dijon depuis la première moitié du xiiie siècle, à part les Carmes et les Chartreux établis au xive siècle, toutes les autres communautés d'hommes et de femmes n'existaient à Dijon que depuis le xviie siècle.

On voyait à Dijon, pour les hommes, les couvents des Dominicains, des Cordeliers, des Carmes, des Chartreux, des Capucins, des Minimes, des Lazaristes, des Oratoriens, des Jésuites. Ces religieux se partageaient les sympathies des gens du monde, et de beaucoup de personnages de distinction qui demandaient à avoir leur tombeau dans leurs églises.

On trouvait à Dijon, pour les femmes, les couvents des Bernardines de Tart, des Bénédictines de Saint-Julien, des Carmélites, des Visitandines, du Bon-Pasteur, du Refuge, et les maisons des Sœurs Sainte-Marthe, et des Sœurs de la Charité de Saint-Vincent.

La ville avait des établissements pour recevoir et instruire les clercs. Ils étaient élevés au petit séminaire Saint-Étienne qui exista de 1685 à 1792, et au grand séminaire des Oratoriens.

Le collège des Godrans tenu par les Jésuites d'abord et puis par des prêtres diocésains depuis 1763, donnait une éducation qui équivalait à celle d'un séminaire. Les œuvres de miséricorde corporelles et spirituelles s'exerçaient dans les hôpitaux, ou dans les hospices, ou à domicile.

Les malades étaient reçus à l'hôpital du Saint-Esprit et de Notre-Dame aujourd'hui l'Hôtel-Dieu; ils y étaient soignés par les Sœurs de la Maison.

L'hospice Sainte-Anne recevait les orphelines. Le Bon-Pasteur s'ouvrait aux *repenties*. Les filles qui annonçaient de mauvaises inclinations étaient recueillies au Refuge, où les Sœurs cherchaient à les ramener à la vertu.

Les Sœurs de la Charité et les Sœurs Sainte-Marthe secouraient les malheureux à domicile et jusque dans les prisons.

Il y avait aussi à Dijon une société d'hommes appelée Société de la Miséricorde, qui s'occupait de porter des secours à domicile aux malheureux et aux pauvres honteux, et aux prisonniers dans leurs cachots. Elle s'appliquait spécialement à procurer une bonne mort à ceux qui devaient être suppliciés. Après l'exécution, elle emportait les corps de ces malheureux dans sa chapelle, les ensevelissait, les portait en terre, et faisait célébrer la messe pour eux dans sa chapelle, les deux jours qui suivaient leur mort.

Cette société ensevelissait aussi tous les morts de la ville (1).

C'est ainsi que la charité de l'évêque embrassait les âmes de tous ses diocésains, depuis celle de l'enfant, jusqu'à celle du vieillard infirme et du criminel, et cherchait à les tourner toutes vers Dieu. Les Frères, les Religieuses, les Instituteurs le faisaient connaître et aimer aux enfants. Les Religieux, les Prêtres le rappelaient à l'esprit et au cœur des insouciants et des pécheurs. Les communautés d'hommes et de femmes par leur sainte vie, par leurs conseils attiraient à lui les justes, par le chemin le plus parfait. Les endurcis, les âmes perverties, les criminels, ceux qui semblaient vouloir se perdre à dessein, étaient ramenés à lui dans leurs derniers moments, par les anges terrestres assis à leur chevet pour les soigner en priant pour eux.

Il ne sera pas sans intérêt, maintenant, d'examiner les moyens d'action chrétienne qu'ont eu les évêques de Dijon, dans leur ville épiscopale dans la 2e partie du xix' siècle.

La révolution de 1789 avait détruit toutes les institutions pieuses; il fallut les relever les unes après les autres et ce n'est qu'avec les années que le bien put s'opérer dans des conditions satisfaisantes.

Aujourd'hui pour l'instruction des enfants et des jeunes garçons, les évêques de Dijon ont les trois écoles des Frères, et leur grand pensionnat.

Les filles sont instruites dans les quatre écoles des Filles de Saint-Vincent de Paul.

A côté de ces écoles gratuites de filles, des pensionnats sont tenus par les Visitandines, par les Sœurs de la Mère-de-Dieu, par les Sœurs Marie-Thérèse, par les Ursulines, et par les Dames de Sainte-Ursule.

(1) Courtépée.

Les écoles, et les pensionnats laïques de garçons et de filles ne peuvent malheureusement plus être regardés comme des écoles chrétiennes puisque les maîtres et les maîtresses ne peuvent y parler des devoirs de la Religion.

La prédication, les Missions sont confiées maintenant au Clergé paroissial, aux Missionnaires diocésains, au Chapitre cathédrale, aux Dominicains et aux Jésuites; encore les secours fournis par ces deux Ordres ont beaucoup diminué depuis la fermeture de leurs couvents en 1880.

Au point de vue de l'éducation des clercs, les évêques de Dijon n'ont rien à envier à leurs prédécesseurs du siècle passé. Leurs séminaires sont établis dans des conditions de logement, d'aménagement, supérieures à celles où étaient établis les séminaires de Saint-Étienne et des Oratoriens. On peut recevoir aussi plus d'élèves dans ces maisons que dans les anciennes. A Plombières, les jeunes gens sont préparés de loin au sacerdoce, les études sont très bonnes, elles ont un cadre bien plus large qu'à Saint-Étienne. Le grand séminaire n'a rien perdu en passant des mains des Oratoriens dans celles des Sulpiciens.

Le collège chrétien des Godrans, autrefois tenu par les Jésuites, est remplacé par l'Ecole de Saint-Ignace, fondée aussi dans ces derniers temps par les Jésuites, et tenue aujourd'hui par M. de Bretenière.

Nous n'avons aujourd'hui, d'autres communautés religieuses d'hommes à Dijon, que celles des Dominicains et des Jésuites. Maintenant ces religieux ne forment même plus de communautés, puisqu'ils sont obligés de vivre isolément.

En revanche, les communautés de femmes sont plus nombreuses à Dijon qu'avant la Révolution. On y trouve, comme autrefois, les Visitandines, les Sœurs du Bon-

Pasteur, les Carmélites, les Sœurs de l'Hôtel-Dieu, les
Sœurs Sainte-Marthe et les Sœurs de la Charité; mais on
voit à côté d'elles, aujourd'hui, les Petites-Sœurs des
Pauvres, les Sœurs de la Mère-de-Dieu, les Sœurs de
Marie-Thérèse, les Sœurs de Bon-Secours, les Sœurs de
Saint-Joseph-de-Cluny, les Filles de la Charité pour les
aliénés, les Filles du Cœur-de-Marie.

Comme avant les révolutions, les pauvres sont reçus à
l'hôpital; les orphelines sont soignées à Sainte-Anne. Les
Sœurs de Saint-Vincent, les Sœurs Sainte-Marthe soignent
les malades à domicile.

Aujourd'hui, les Sœurs de Bon-Secours sont venues
joindre leurs soins charitables à ceux des Sœurs de la Charité et de Sainte-Marthe ; les Petites-Sœurs des Pauvres ont
ouvert un immense asile aux vieillards des deux sexes; les
aliénés ont un hospice spécial, les orphelins ont des maisons qui les reçoivent à Domois et à Dijon; les filles au
service ont un asile, où elles peuvent à peu de frais, et
loin des dangers du monde, attendre l'heure où une condition convenable se présentera pour elles.

Dans ces derniers temps, des œuvres de préservation
ont été établies à Dijon. Les employés de commerce, les
apprentis, les ouvriers ont des cercles chrétiens où ils
peuvent se récréer loin des mauvais exemples, et en con-
servant leurs habitudes chrétiennes.

Enfin, la Société de Saint-Vincent-de-Paul, marchant
sur les traces de l'ancienne Société de la Miséricorde, porte
des secours aux pauvres connus et honteux, et soutient
dans le bien une foule de malheureux par ses conseils et
ses exhortations charitables.

Avant de s'endormir dans le Seigneur, il y a quelques
mois, notre vénérable évêque, Mgr Rivet, pouvait gémir

devant Dieu, en voyant la négligence d'un grand nombre de ses enfants à accomplir leurs devoirs religieux; mais en contemplant d'autre part les œuvres que la foi et la charité ont fait surgir autour de lui, sous ses auspices, il pouvait espérer le réveil de son troupeau. Les yeux de son successeur sont peut-être appelés à le contempler.

Comme l'Église participe à la vie de son divin chef, elle ne peut périr. Les hommes sans foi la poursuivent de leurs attaques; ils cherchent à la faire tomber sous leurs coups; mais les épreuves ne servent qu'à la rajeunir. Il y aura bientôt un siècle, ses ennemis chez nous la croyaient détruite; et au bout de quelques années elle retrouvait sa vigueur, et toutes les misères étaient appelées à profiter de ses bienfaits.

Nous venons de voir en ces derniers temps des efforts puissants dirigés contre elle, dans la persécution des Ordres Religieux, et dans la laïcisation des écoles; mais tous ces efforts ont fait naître des efforts opposés qui ont prouvé que la foi est loin d'être éteinte, et que l'Église est capable de produire encore des prodiges de charité et de dévouement. Jésus-Christ a promis à l'Église que les portes de l'enfer ne prévaudront point contre elle. Le temps n'est peut-être pas éloigné où le monde désillusionné tendra les bras vers elle, pour lui demander le salut.

« La terre aidera la femme, elle ouvrira son sein, et elle « engloutira le fleuve, que le dragon avait jeté de sa « gueule. » Apoc. h. XII, v. 16.

TABLE DES MATIÈRES

FIN DE LA TABLE.